LOS RELATOS DEL DRAGÓN

ExLibric

JUAN ALBERTO GONZÁLEZ GONZÁLEZ

LOS RELATOS DEL DRAGÓN

EXLIBRIC

ANTEQUERA 2022

JUAN ALBERTO GONZÁLEZ GONZÁLEZ

LOS RELATOS DEL DRAGÓN

No way that dragon is dead.
You mean dragon is dead, I don't believe it.
Michael Jordan (1993)

De ninguna manera ese dragón está muerto.
Quieres decir que el dragón está muerto; no lo creo.
Michael Jordan (1993)

Introducción

Decidí titular esta obra *El camino del dragón* porque su personaje principal es Drazen Petrovic, mítico jugador de baloncesto que falleció en un accidente de tráfico en 1993. Hace algún tiempo vi en internet un vídeo sobre las mejores jugadas de Petrovic en el que aparecían unas palabras de Michael Jordan hablando sobre un dragón. Además, el último libro que se ha publicado se llama *Petrovic, los años del dragón.* No sé si lo de dragón se debe a que Petrovic nació en 1964, con lo que sería del signo dragón, según el horóscopo chino.

1. Influencias de mis relatos

Hice un curso de energías renovables, lo que me influyó al escribir este conjunto de relatos. Igualmente, tenía un amigo al que le compraba una revista ecologista llamada *Integral* cuando iba a la capital de la provincia (Orense). Yo soy de un pueblo donde no la había. Solía leer varios artículos mientras viajaba en el tren. Soy socio de Greenpeace, ya que el medio ambiente me preocupa y puede que en algunas décadas sea el principal problema de la humanidad. Otra cosa que me influyó fue Drazen Petrovic, pero fue por mi abuelo, al que le encantaba cómo jugaba. Veía todos sus partidos, y yo con él. Siempre queríamos que ganara Yugoslavia.

Estos relatos están basados en hechos reales. Puede que invente alguna frase para que queden mejor, pero podéis comprobar en internet que es cierto lo que digo. Aquí, en Europa, Petrovic es muy conocido. Jugó en el Real Madrid de baloncesto y sus duelos con el Barcelona son memorables. Se decía que en la cancha era maleducado y provocador, pero fuera de ella era amable, educado y callado.

2. ¿Quién fue Drazen Petrovic?

Drazen Petrovic fue un jugador de baloncesto europeo cuya carrera transcurrió durante la década de los 80 y principios de los 90. Nacido en Sibenik (Croacia), es considerado por muchos como el mejor jugador europeo de la historia y fue el primero que rompió la hegemonía americana en la NBA. Hizo partidos que quedarán en la leyenda del baloncesto, como en el que anotó 112 puntos. Los equipos en los que jugó fueron Sibenik, Cibona, Real Madrid y, ya en la NBA, los Portland Trail Blazers y los New Jersey Nets. Falleció en un accidente de tráfico cuando estaba en la cima de su carrera deportiva.

3. ¿Qué es la corriente del Golfo?

La corriente del Golfo, de la que hablaré más adelante, nace en el Caribe, lleva agua cálida a toda Europa y hace que el clima europeo no sea tan frío. Si esa corriente se paraliza, podría provocar una glaciación en el planeta. La paralización se produciría por el derretimiento del hielo en el Ártico, que se mezclaría con el agua salada del mar. Al mezclarse, la corriente del Golfo se paralizaría y el agua cálida del Caribe no llegaría a Europa.

4. Mensajes en una botella

A) Hace diez años tuve un periodo de mala suerte continua y mi distracción era interesarme por la vida de Drazen Petrovic. Se me ocurrió un día comprar una camiseta suya, la que usó en los New Jersey Nets. Llevaba el número 3 y era de color azul. Además, compré un DVD de un partido suyo. Entre varios encuentros, opté por el Real Madrid-Snaidero Caserta, donde Petrovic estuvo magnífico, anotando más de sesenta puntos. Ese partido lo vimos mi hermano y yo y nos dejó un grato recuerdo, ya que fue un gran espectáculo.

Yo volvía a mi lugar de trabajo en Guadalajara, a sesenta kilómetros de Madrid, cuando un día me llamó mi hermano y me propuso comprar un piso en la playa. Al final me gustó la idea. Cuando era pequeño la playa me atraía y acepté. Miramos en varios sitios, pero en esa época los pisos no eran baratos, sobre todo en la playa. Finalmente encontramos uno a buen precio en Aguiño-Ribeira, a cuyos propietarios les urgía vender para pagar sus deudas.

Poco tiempo después me enteré por el telediario de que desde el Atlántico Norte se había lanzado una botella que fue a parar a una playa que está aproximadamente a tres kilómetros de mi casa. La botella contenía un mensaje que invitaba al que lo leyese a acudir a la cumbre mundial sobre el agua potable. Es curioso, porque el Ártico es una de las mayores reservas de agua potable y, como he indicado en la introducción, la que puede provocar la paralización de la corriente del Golfo por su derretimiento. Esta cumbre se iba a celebrar en Sibenik, ciudad donde nació Drazen Petrovic.

Pasado el tiempo se tiró otra botella, esta vez desde Cabo Verde. Esta botella llegó a Puerto Rico. En el mensaje que iba en su interior se pedía a quien encontrara la botella a ponerse en contacto con los que la habían arrojado. El marinero que tiró la botella se llamaba José María Casi Ferrer. Nosotros le compramos el piso a Arsenia Casi Ferrer. No puedo asegurar que sean familia, aunque todos los indicios apunten a ello. Me pregunto si la corriente del Golfo ayudó a llevar esas botellas a su destino, a las playas donde fueron halladas.

B) Por otro lado, en el libro *Mensaje en una botella* la historia se desarrolla principalmente en Boston, ciudad cuyo equipo de baloncesto, los Boston Celtics, era en el que quería jugar Petrovic, según algunos medios de comunicación; y en Willington, desde donde el protagonista del libro tira una botella con un mensaje de amor a su esposa, que había fallecido. En esa ciudad pasó su infancia y juventud Michael Jordan. Al final del libro, el marinero quiere que un mensaje llegue a Europa, por lo que intenta adentrarse en el mar con su barco y que la corriente del Golfo lleve ese mensaje. Al final muere porque lo sorprende una gran tormenta y su velero se hunde, aunque logra arrojar al mar la botella con la nota de amor.

*Nota: Para terminar con este apartado, quiero añadir que Michael Jordan es licenciado en Geografía de Costas, por lo que debe de tener amplios conocimientos de las corrientes y las mareas. En una entrevista que le hicieron dijo que, si no hubiera sido jugador de baloncesto, le hubiera gustado ser meteorólogo.

5. Los delfines

Recuerdo que cuando vivía en México y viajaba en avión hacia el lugar donde nacimos mis padres y yo, Galicia (España), casi nunca fui directo y tuvimos que hacer escalas. En concreto, a lo largo de los años esas escalas se fueron haciendo en tres ciudades distintas. Cuando era niño, el primer transbordo era en Montreal (Canadá). Ya de adolescente, el lugar de la escala era Miami (Estados Unidos). El tercer lugar de parada fue un aeropuerto de New York, que está en la zona de New Jersey. Esa fue la última ciudad que pise en América, adonde no he vuelto desde hace treinta años. De esa ciudad, como ya he comentado, era el último equipo donde jugó Drazen Petrovic, los New Jersey Nets.

Hablemos sobre Miami. Esas vacaciones fui a la playa de Corrubedo, en Galicia, que es un parque natural protegido. Yo vivía en la calle Francisco Lorenzo Mariño. *Mariño* significa «marino» en gallego. Esos días mi hermano sufrió una trombosis y para tenerlo entretenido compré un balón de fútbol americano en El Corte Inglés. Tampoco podía hacer muchos esfuerzos, por lo que nos dábamos pases con el balón. En ese lugar me vino a la mente un jugador de los Miami Dolphins, llamado Dan Marino, que era muy famoso a mediados de los 80.

La primera vez que vi delfines fue en una excursión, cuando estaba en el servicio militar en Ceuta e iba a la Expo de Sevilla de 1992. Varios delfines nadaban en paralelo al barco y fue una bonita experiencia porque nunca los había visto. Fuimos a la Expo y cuando volví la gente decía que estaba cambiado. En el servicio militar estaba muy delgado y bastante débil, por lo que lo pase mal con los esfuerzos. Sin embargo, a partir de mi encuentro con los delfines la gente me trataba mejor. He leído que los delfines pueden ayudar a los niños autistas. Tengo un amigo en Sevilla que me preguntaba si lo era, ya que no suelo hablar mucho.

Volviendo a la historia, mi primera ciudad para hacer escala fue Montreal, en Canadá, país en cuya bandera figura una hoja de arce de tres folíolos. Al principio querían que fuera de dos, pero al final la hicieron de tres porque se veía mejor. La hoja de arce de la bandera está relacionada con la naturaleza. Recuerdo que en Montreal jugaba un equipo de béisbol llamado los Expos de Montreal. Le pusieron ese nombre por la Exposición de Montreal de 1967. Le veo un poco de casualidad con la de Sevilla de 1992, cuando vi a los delfines. Sobre la hoja de arce de la bandera de Canadá se puede añadir que de este árbol se hacen los bates de béisbol.

Los deportes profesionales de Estados Unidos que más se siguen en México son el béisbol, el fútbol americano y el baloncesto. Y hablando del derretimiento del Ártico que menciono en mis relatos y la paralización de la corriente del Golfo, los temas de la exposición de Montreal eran el hombre y el Ártico, el hombre y los océanos y dos temas más sobre el hombre.

6. Jugadores de baloncesto que aparecen

Hubo un periodo de tiempo en el que el baloncesto estuvo muy vinculado a mi vida y a la de mis amigos y familiares, cosa que no es muy normal en Orense y Santiago de Compostela, ciudades cuyos equipos no militaron muchos años en la liga ACB en las décadas de los 80 y 90. A continuación relato algunas casualidades de mi vida relacionadas con el baloncesto.

En el año en el que murió Petrovic viajaba en el tren a Santiago de Compostela, el tren se estropeó y nos pusieron un autobús. A mi lado se sentó una persona mayor, un hombre que decía que era catalán y periodista de baloncesto. Me gustó hablar con él, me subió el estado anímico, que en aquella época era bajo. Me empezó a hablar de jugadores de baloncesto y me gustó.

Cuando comencé a preparar en Orense las oposiciones para acceder al puesto en el que actualmente trabajo, hubo un torneo de baloncesto a cien metros de mi academia. Cerca de allí estaba alojada en un hotel la selección española y por la ventana del *hall* vimos a todos los jugadores. Años después, cuando hice el servicio militar en Ceuta, me enteré de que de un reemplazo anterior eran Romay y Tomás Jofresa.

Mi padre, en un avión que lo llevaba a Madrid, se encontró con Sabonis y Romay. Él no sabía quiénes eran, ya que vive en

México y allí el baloncesto europeo se ve poco, pero había una foto de ellos en el periódico que leía.

Al piso donde estaba alojado en Santiago acudía a las fiestas que hacíamos un jugador americano del Clesa Ferrol, en aquella época equipo ACB.

Hace años trabajé en el Anatómico Forense de Madrid, lugar donde se hizo la autopsia a Fernando Martín. Hace algunos meses me encontré a Romay en el aeropuerto de Vigo. Por último, acudí a un psicólogo que es amigo de Clifford Luyk, quien fue entrenador del Real Madrid en la temporada en la que Drazen Petrovic jugó en el equipo blanco.

7. Ciudades hermanas

Ribeira, donde tengo el piso, está hermanada con Newark (New Jersey), fundada en el año 1666. Lo anoto porque me parece curioso. Cuando vivía en una pensión en Santiago de Compostela, había una inscripción que ponía: «Edificada en el año de 1666». Newark está a pocos kilómetros de Manhattan. Recuerdo una vez más que el último equipo donde jugó Petrovic fueron los New Jersey Nets.

Oviedo, donde viví dos años, está también hermanada con New Jersey. El primer día que salgo a correr en Oviedo, cruzo una calle y me encuentro con la calle New Jersey. Era una calle curvada. Ahora vivo en España, pero la última ciudad que pisé en América, como ya he indicado, fue New Jersey. No estoy del todo seguro, dado el tiempo transcurrido, pero el nombre de su aeropuerto me suena bastante. El nombre de New Jersey proviene de una isla del canal de la Mancha llamada Jersey. Muy cerca de ese lugar pasa la corriente del Golfo.

8. El ermitaño

Tengo un amigo en Sevilla al que le gusta mucho el esoterismo y sabe tirar las cartas del tarot. Era curioso, porque me solía salir la carta del ermitaño. Esta carta es representada por un señor mayor que lleva un farol. No es una carta mala; representa a una persona solitaria (reconozco que lo soy), pero que va buscando una verdad en su interior. También significa prudencia.

Recuerdo que, en la serie *Candy Candy,* al personaje Anthony le salió la carta de la muerte en una tirada que le hizo una vidente y poco después murió al caerse de un caballo. Yo me interesé por la carta, pues me parecía raro que saliera con tanta frecuencia. Puse en el buscador Google «ermitaño» y me salió la serie *Candy Candy,* en concreto el personaje Albert, que hace tres papeles: príncipe de la colina, ermitaño y tío Willy.

Conforme fui investigando, la serie cada vez me interesaba más, además de que me sonaba muchísimo. Al final vi que la vendían y la compré. Empecé a verla y me enganchó. Me traía recuerdos de cuando era un niño. La parte que más me gustó fue cuando Albert pierde la memoria y sufre amnesia en un accidente en África. Me identifiqué un poco con esa experiencia, porque, como ya he apuntado, hice el servicio militar en Ceuta. Tenía buena memoria, aprobé en un mismo año el Selectivo y unas oposiciones, pero a partir del servicio militar he perdido la capacidad para memorizar.

Cambiando de tema, vuelvo a centrarme en Petrovic. En una entrevista que le hicieron a Quique Villalobos, jugador del

Real Madrid de los años 80, decía que Drazen no solía ir con los compañeros a los bares, que cuando no estaba entrenado se pasaba la mayor parte del tiempo con su madre y su novia y que vivía como un ermitaño. Incluso no poseía teléfono en su casa y para comunicarle cualquier cosa del club tenía que ir el propio Villalobos a su vivienda.

Otro personaje que me llama la atención es Pitágoras. Decían que vivía como un ermitaño en una cueva. Mi amigo de Sevilla, al que mencioné anteriormente, decía que, si tuviera una vida pasada, sería como un ermitaño y viviría de esa forma.

En la serie *Cosmos,* el capítulo 7 habla de Pitágoras, muy conocido por su famoso teorema matemático basado en el triángulo equilátero. Curiosamente, yo nací en Galicia, cuya bandera está formada por una franja transversal azul que forma dos triángulos equiláteros opuestos. He visto la película *El día de la bestia,* protagonizada por Santiago Segura, en la que se mencionaba que el anticristo iba a nacer en una superficie triangular. Hay pocas banderas con esa forma.

El carbono posee seis protones, seis electrones y seis neutrones. Pitágoras distingue el fuego, el aire, la tierra, el agua y el cosmos, y los representa con figuras. El tetraedro, que es una figura triangular de cuatro lados, muy parecida a una pirámide, representa el fuego. El aire lo representa el octaedro, figura triangular de ocho lados y parecida a un rombo de cuatro caras. El aire lo representa con el icosaedro, que también es una figura triangular, por lo que relaciono de la siguiente manera: el fuego produce la combustión y el monóxido de carbono, que va a parar al aire produciendo el aumento de las temperaturas, que a su vez produce el derretimiento del Ártico, que produce la paralización de la corriente del Golfo, lo que puede provocar una glaciación.

Hace unos años vi la película *Local Hero*. En ella aparece el ermitaño Ben, a quien le gusta la astronomía y cuida de una playa en la que quieren construir una refinería. La película está rodada en Escocia y habla de la corriente del Golfo, que hace que el medio marino sea rico en ese lugar, y de fenómenos astronómicos. En dicha película se hace un comentario de que la refinería resistiría la próxima glaciación.

9. Serie *Rebelde*

Pasado el tiempo, me vino a la mente la serie *Rebelde,* por la que no me interesé mucho en su comienzo en el año 2006. Me puse a oír sus canciones y me resultaban pegadizas. Un día, haciendo *zapping,* vi que había una reposición en el canal 7 de España. Comencé a verla y poco a poco me fue enganchando, pues me traía recuerdos: la asignatura Historia de México, que era la que mejor se me daba; y el colegio, que era muy parecido a aquellos en los que estudié cuando vivía en México, con mucho inglés y, además, era de pago. Al final la cadena pasó a emitir la serie por la mañana y ya no podía seguirla porque a esa hora tenía que trabajar. Yo quería saber cómo terminaba, por lo que estuve mirando en internet para adquirirla. La encontré no muy cara (cien euros, ya que son muchos capítulos).

Cuando vivía en Guadalajara (España), en un local de la zona por donde vivía había una pintada con la palabra «dulce» en letras grandes. Existe cierta relación en esa palabra entre las series y Drazen Petrovic. La palabra *Drazen* significa «dulce». En la serie *Candy Candy,* Anthony bautizó a sus rosas como «Dulce Candy». Por su parte, la protagonista de *Rebelde* es Dulce María, que en la ficción encarna al personaje de Roberta.

A Petrovic su madre quería ponerle Drazen, «dulce» en castellano, pero su padre le quería poner Robert. Otra casualidad relacionada con la serie es que el prefecto de la serie, que se llama Gastón Diestro y es encargado de la disciplina del colegio, casi al finalizar la trama tiene un accidente de coche, en el cual un camión de repente invade toda la calzada, y fallece. La muerte de Petrovic fue similar: un camión cruzó la mediana, ya que se encontró con un coche que iba en sentido contrario, e invadió toda la calzada en el sentido por el que circulaba el vehículo en el que viajaba Drazen Petrovic.

Por otra parte, los actores de la serie *Rebelde,* por lo menos algunos de ellos, son activistas de la ONG ecologista Greenpeace. Otro detalle de la serie es que hay una logia de alumnos que intenta expulsar a los becados del colegio que tengan pocos recursos económicos con agresiones, tratando así de que solo pueda acceder al colegio gente rica.

Mi amigo de Sevilla del que hablé anteriormente leía libros de Krishnamurti. Yo me enteré por internet de que Bruce Lee era seguidor suyo. Mi amigo, cuando se lo comenté, me envió un documental en el que se decía que muchos famosos pertenecían a organizaciones secretas, en concreto a los Illuminati, y que Bruce Lee podía ser uno de ellos y que todo fuera propaganda. El vídeo que me envió era de YouTube y había varios anexos. No hablaban muy bien de ellos: que utilizaban drogas y hacían ritos siniestros, tanto satánicos como torturas, que utilizaban la hipnosis y que cuando un famoso traicionaba a este grupo solían arruinarlo con falsas acusaciones o incluso asesinarlo en circunstancias no muy claras. A los famosos que forman esta organización se les llama MK Ultra. Era frecuente que murieran sobre los veintisiete años.

Fernando Martín, baloncestista que jugó con Petrovic antes de irse este último a la NBA, murió en accidente de tráfico a los veintisiete años. Petrovic falleció con veintiocho y su muerte fue un poco extraña. Estaba con la selección croata haciendo una gira y jugando partidos amistosos. Ese día jugaron un partido y cogieron un avión, pero Petrovic decidió hacer el viaje en un vehículo particular con unas amigas. El día era lluvioso. Cuando tuvo lugar el accidente, las amigas salvaron la vida, ya que llevaban abrochado el cinturón de seguridad, pero Petrovic, que no lo llevaba y estaba durmiendo, falleció en el acto.

Los relatos que escribo se los he enseñado a un psicólogo en una ocasión. Me preguntó si creía que yo fuera Illuminati; en concreto, me dijo si me salía el número 23. Al salir de la consulta me di cuenta de que el número 23 era el de Michael Jordan. Yo le contesté que a mí me suele salir el número 3, que era el de Petrovic. Drazen Petrovic creció en una familia conservadora y muy creyente.

En la serie *Rebelde* que compré, de la que también he hablado anteriormente, están todos los capítulos, pero falta uno. En concreto, el episodio en el que se narra cuando la logia es vencida y expulsada del colegio.

10. La logia

Sobre la logia de la serie *Rebelde,* comentar que es un grupo de extrema derecha, que se puede clasificar como neonazi. Sus miembros utilizan vestuario militar y buscan la pureza del alumnado.

Cuando me trasladaron en el trabajo de Guadalajara a Madrid, conseguí una habitación con unos estudiantes Erasmus en una casa de huéspedes. El piso estaba muy cerca del templo de Debod, que es un templo egipcio que trasladaron, piedra a piedra, de Egipto a Madrid, ya que iba a ser cubierto por las aguas debido a la construcción de una presa. Cuando llegué al piso, había predominio de italianos. Cuando terminó el año escolar, los estudiantes Erasmus se fueron a sus países y el dueño esta vez metió a algunos alemanes, que se reunían con sus amigos en el salón y solían traer la camiseta de la selección de Alemania y hablar en su idioma.

En febrero fui de vacaciones a Galicia, donde nací. Cuando volví, los alemanes se habían ido porque iban hacer reformas en el piso. El dueño me dio la opción de irme con él a otra casa de huéspedes, algo que acepté. Como fue todo tan repentino, no tenía otra opción.

Durante la mudanza, íbamos en el coche del dueño de la casa con mis cosas. Por el camino iba pensando: «Primero los italianos, luego los alemanes… Faltan los japoneses». Pues al entrar en este piso me encuentro con una persona de rasgos orientales. A mí me sorprendió bastante.

El dueño me asignó mi habitación y en la de al lado había otra persona con rasgos orientales. Luego me enteré de que no eran japoneses: uno era chino y el otro coreano.

Lo que me llama la atención del relato es que cuando estudiaba Historia, que era la asignatura que más me gustaba, estaban por un lado los países aliados y por otro los países del Eje: Alemania, Italia y Japón.

11. El trébol

El color rosa es como que existe una mujer. En las últimas tiradas de cartas del tarot que me hizo mi amigo salía una chica poderosa, pero me indicó que estaba de mi parte y que podía ser mi novia.

La época en que viví en Guadalajara fue una de las peores etapas de mi vida, ya que tuve un periodo de mala suerte constante, que debió de durar un año, sobre todo con compañeros de piso que convivieron conmigo. Las secuelas todavía las arrastro, sobre todo desconfianza. También la trato con un psicólogo.

Ante tanta mala suerte, llamé a una vidente. Me tiró las cartas y, sin decirle nada, me dijo: «Hay dos mujeres, las dos fallecidas. Una está de tu parte y otra en contra». Me preguntó si las conocía y le respondí que no. La vidente me hizo un ritual y al finalizar me dijo que pidiera tres deseos. Yo tenía la música de Alphaville, en concreto el tema *Forever young,* y uno de los deseos fue el de ser siempre joven, como el tema de la canción. Al terminar la llamada con la vidente, puse atención en la letra de la canción. Habla de morir joven o que nos permitan vivir por siempre. La vidente me dijo que para que se me cumpliera el deseo tenía que pensar como un joven. El vídeo de la canción es bastante curioso. Hay un grupo de personas en una especie de iglesia, se abre como una puerta estelar en forma de rombo y se ven estrellas. La impresión que da es que se dirigen hacia allí.

Sobre estrellas, comentar que hace más de diez años me prestaron un CD que se llamaba *Lo mejor del glam,* que incluía al grupo Babilon Zoo, en concreto el tema *Spaceman* («hombre del espacio» en castellano). Lo grabé, pero al cabo de un tiempo perdí la copia. También con el tiempo se me olvidaron tanto la canción como el título. Como hablaba de gente del espacio, yo la buscaba por *Starman* y me salía David Bowie. Sin embargo, hace aproximadamente un año estoy durmiendo, me despierto y me viene a la mente Babilon Zoo. Así fue como llegué nuevamente a ver el vídeo en internet. Lo curioso es que el olvido de la canción fue de unos diez años y de repente aparece en mi mente.

Cambiando de tema, poco tiempo después de venirme para España definitivamente desde México iba con un amigo de mi edad a la iglesia. Una semana no entramos y vimos que en el jardín del templo había tréboles. Nos interesaban los de cuatro hojas, que son los que dan suerte. Debimos de encontrar unos diez, que mi amigo y yo repartimos. Es raro encontrar tantos, ya que existe uno por cada diez mil de tres hojas. Varios años después volví al lugar y no encontré ninguno.

El futuro profesional de Drazen Petrovic era una incógnita, pero le comentó a una amiga de las que iba en el coche en el que falleció que tenía pensado volver a Europa para jugar en el Panathinaikos griego, equipo cuyo emblema es un trébol, y luego volver a la NBA para fichar por los Boston Celtics, cuyo emblema también es el trébol. Se decía que tenía preferencia por equipos que llevaban tréboles.

Recuerdo que el primer equipo de la NBA contra el que jugó Petrovic fueron precisamente los Boston Celtics, en concreto en un Open McDonald's que la franquicia de Massachusetts disputó en 1988 frente al Real Madrid.

Lo que también me parece muy curioso es que yo haya estudiado la secundaria en el Colegio Americano Boston y el tercero de secundaria en el Colegio Princeton. La Universidad de Princeton está en New Jersey. Mi equipo de fútbol en España es el Celta, el equipo preferido de Petrovic para fichar eran los Celtics de Boston.

12. El túnel que cambió mi vida

He leído en revistas y he visto en programas de televisión que hay personas que durante un periodo de tiempo no saben lo que ocurrió en su vida. Recuerdo que tuve dos ataques epilépticos, uno cuando tenía tres años y otro cuando tenía once. Tras ambos, mis padres me llevaron al médico, me hicieron pruebas y me dieron medicación. A los tres años de tratamiento me la quitaron.

Hubo una cosa intermedia, en la que desconozco que pudo pasar. Debía de ser 1982. Recuerdo que estaba viendo la televisión y de repente me quedé inconsciente. No recuerdo bien, pero pienso que veía luces azuladas y tenía una sensación agradable, como un sueño muy profundo del que de repente me despierto y no puedo moverme. Esto es más desagradable: quiero levantarme, pero no puedo. Poco a poco voy recuperando el movimiento y al final, con mucho trabajo, empiezo a caminar tambaleándome. Voy al negocio de mi madre, una ferretería. Ella al verme en este estado se asusta, pero no me lleva al médico al no saber qué había ocurrido.

Fui a un homeópata, le comenté esto y me preguntó si tenía la sensación de salir del cuerpo. Yo le dije que no. A partir de ahí empecé a usar gafas. Tenía dolores de cabeza frecuentes y sangraba mucho por la nariz. Desde esta época dejé de relacionarme con la gente.

Un día mi madre vio en mi habitación a una persona que luego se desvaneció, aunque era de madrugada, por lo que lo más seguro es que se tratase de una sombra. Lo que sí ocurrió es que una noche empecé a caminar dormido hasta que me despertaron mis padres, estando yo en una especie de sonambulismo

Sobre lo mencionado, añado que después del tercer ataque epiléptico, que debió de ser en invierno, me relacionaba normalmente con la gente y tenía amigos en el colegio que me invitaban a ir a sus casas. En verano fui de vacaciones a España y también me relacioné bien con mis primos y sus amigos, algunos mayores que yo. Ese verano, mis padres me llevaron al médico por los ataques y me pusieron medicación antiepiléptica.

Respecto a la tirada de tarot, la carta del ermitaño puede ser positiva de interiorizar para conocerse o negativa si se llega al aislamiento. En mi caso, puede ser negativa. Mi amigo, como antes he señalado, hizo el comentario de que si tuviera otra vida en el pasado sería un ermitaño que viviría en una cueva en la montaña.

El último día que pasé en España, mi primo y sus amigos propusieron hacer una excursión a un lugar que diera miedo. Pensábamos en ir a una cueva o a un túnel del tren que debía de medir aproximadamente un kilómetro. Al final nos decidimos por el túnel. Ese día lo pasamos bien y mantuvimos una conversación agradable. Íbamos por la vía del tren cuando llegamos al túnel, que estaba a unos cinco kilómetros del pueblo donde vivía. Al principio, como estaba oscuro, teníamos algo de miedo, pero al final tuvimos valor y atravesamos todo el túnel.

Al día siguiente me marché a México. Allí empecé las clases de secundaria en el Colegio Boston y comencé a notar cambios, entre ellos el hecho de que empezaba a aislarme y a hablar menos.

13. Durmiendo con fantasmas

Una vez, cuando vivía en Oviedo, me apareció en el Messenger una página de publicidad para buscar pareja. Siempre ponía las mismas frases y había enlaces con diferentes páginas web relacionadas con lo mismo, buscar pareja. Yo iba al cibercafé, me ponía los cascos y escuchaba *La princesa de mis sueños,* de OBK. Cuando me conectaba al Messenger siempre me aparecía la publicidad mientras oía dicha canción y respondía al anuncio poniendo frases de la melodía. Seguí chateando y haciendo lo mismo durante varios meses. De repente me cancelaron el Messenger y me saltaba un mensaje que decía algo así como que mi seguridad estaba en peligro, pero seguí haciendo lo mismo desde otra cuenta que tenía en Hotmail.

Un día me marché vacaciones a la casa de mi familia. Tenía un poco de pensamiento referencial, que es algo parecido a lo que le ocurre al protagonista de *El show de Truman.* En otras palabras, sentirse vigilado. En casa, con mi familia, utilizaba el ordenador de mi hermano, pero me seguía saliendo la misma publicidad. No le hice caso esos días, aunque hice compras por internet. El funcionamiento del ordenador era raro, porque saltaba de una página web a otra. Yo tenía insomnio y llevaba dos días sin dormir.

Un día presentí que iba pasar algo, sobre todo porque era 23 de julio, el número de Michael Jordan. Lo primero que hice fue decirles a mis hermanos que me llevaran al médico por el insomnio. Seguidamente encendí el ordenador. Estaba bloqueado, ponía que estaba intervenido por la Dirección General de la Policía. Yo, con el insomnio y el pensamiento referencial, me puse nervioso, sobre todo por las compras que hice por internet, por si habían accedido a mis cuentas. Mi hermano me preguntó qué había hecho y me dijo que me iba llevar al médico. Al final lo que le había entrado al ordenador era un virus.

Sin embargo, ocurrió algo más. Me hicieron llamadas al móvil desde teléfonos desconocidos y en el buzón de voz aparecían voces tipo psicofonías. En aquella época, debido al pensamiento referencial, yo llamaba a páginas de tarot; en concreto, a una que era de ponerse en contacto con los espíritus. Lo hacía porque he trabajado con forenses y escribía relatos de personas fallecidas, en este caso de Drazen Petrovic, relatos que he publicado en internet. Era curioso, porque esos días me aparecía en la publicidad del Messenger una *cheerleader,* que relacioné con los equipos de la NBA.

Volviendo a la historia, mi hermano me pidió que le diera el teléfono. En él salía un símbolo parecido a una avispa. Cuando se lo di, el móvil se apagó de repente. Yo estaba muy nervioso, me llevaron a urgencias y me ingresaron en un hospital psiquiátrico. Estuve dos semanas y me dieron el alta al encontrarme más tranquilo. En el hospital me sentía solo y abandonado.

En las tiradas que me hacían en la línea del tarot salía con frecuencia la carta del ermitaño y la sensación era que iba vagando por el bosque y que nadie me haría caso, como si estuviese desconectado de la sociedad. Al final me pusieron medicación, que sigo tomando hasta el día de hoy, y las cosas van mejor. Ahora tengo más cuidado en internet y al utilizar el móvil.

Otra canción que oía frecuentemente y sobre la que escribía frases en el Messenger era *Durmiendo con fantasmas,* de Placebo.

La canción habla del medio ambiente, en concreto del calentamiento global, que los gobiernos ocultan; y de que las almas gemelas nunca mueren.

Entré el 23 de julio, el número de Michael Jordan, pero salí un 3 de agosto, el número de Petrovic. Mi compañero de habitación se apellidaba Romay y medía cerca de dos metros. Romay fue compañero de Drazen Petrovic en el Real Madrid y jugaba en el puesto de pívot.

14. *1Q84*

Hace aproximadamente un año estuve chateando con una persona discapacitada de Barcelona. Le pregunté si le gustaba la lectura. Me contestó que hacía tiempo que no leía libros y que el último que leyó fue *Tokio blues,* de un escritor japonés llamado Haruki Murakami. Yo me interesé por el libro porque la cultura japonesa siempre me atrajo, desde niño. En México se veían muchos dibujos animados y series japonesas y, más recientemente, tuve un compañero de piso en Sevilla al que le gusta mucho la filosofía zen. Hacía años que no iba al cine cuando estrenaron *El último samurái,* que trataba en parte de esta forma de pensamiento, por lo que fui a verla, aunque la película no me gustó demasiado.

Sobre Haruki Murakami leí que practicaba triatlón y hacía pruebas de ultrafondo, disciplinas que practican mis dos hermanos, por lo que compré dos libros de este autor, el referido *Tokio blues* y *De qué hablo cuando hablo de correr.* Este último trata de sus experiencias personales en las pruebas de ultrafondo. Lo compré para prestárselo a mi hermano, a quien le gustan los libros relacionados con esta temática. Haruki Murakami dio clases en la Universidad de Princeton, situada, como ya he mencionado en varias ocasiones, en New Jersey. El último equipo de Petrovic fue, como también se ha dicho ya, los New Jersey Nets y mi último año en México lo estudié en el Colegio Princeton, que no tenía nada que ver con la universidad.

Otro libro de Haruki es *1Q84,* que está inspirado en el libro de Orwell *1984.* En japonés el 9 y la «q» se pronuncian de la misma manera. Este libro tiene muy buenas críticas y quizás lo compre más adelante.

Cuando vivía en Oviedo, solía hablar con líneas de tarot, en concreto con una que se llamaba Contactar con los Espíritus. En una ocasión, como ya he apuntado antes, me dijeron que pidiera un deseo. Como también he relatado antes, en esa época tenía un CD de Alphaville y se me ocurrió pedir el deseo de ser siempre joven, como dice la canción del grupo *Forever young*. La chica del tarot estuvo un tiempo haciendo el ritual y al final me dijo que para ser siempre joven tenía que pensar como un joven. Alphaville se dio a conocer por el tema *Big in Japan* en el año 1983, pero cuando este tema sonó con más fuerza fue en 1984. La canción trata de los grupos musicales europeos que no triunfan en el continente, pero que sí lo hacen en Japón.

Petrovic debutó en un Europeo en 1983, año en el que era aún muy joven y apenas jugó. El Europeo finalizó el 4 de junio de 1983 y Petrovic murió un 7 de junio de 1993, casi diez años después. Fue en 1984, en los Juegos Olímpicos de Los Ángeles, cuando Drazen se dio a conocer al conseguir la medalla de bronce. También fue el debut de Michael Jordan con Estados Unidos, consiguiendo el oro olímpico. En esa época mis padres tenían una ferretería y mueblería que se llamaba Los Ángeles, mismo nombre del barrio donde estaba situada.

En 1983 fue cuando me dieron los ataques epilépticos y en 1984 cuando comencé a aislarme. Mi compañero de Sevilla me tiraba las cartas y solía salir el ermitaño, que es una persona que se aísla para conocerse, y que también apareció en alguna ocasión en la línea de tarot. Cuando hacía terapia de homeopatía, escribía relatos y solía mencionar a Pitágoras, Petrovic y Bruce Lee, aunque en esos momentos todavía no sabía mucho de sus vidas. Sobre Pitágoras fui leyendo su biografía y veía documentales como *Cosmos,* de Sagan, en el que descubrí que vivía como un ermitaño en una cueva en la montaña.

La última vez que me relacioné bien fue después del tercer ataque epiléptico, en 1983, cuando hicimos una excursión a un lugar que diera miedo. Como ya he contado unos capítulos atrás, estábamos indecisos entre ir a una cueva o a un túnel, pero al final optamos por el túnel, que estaba a cinco kilómetros de donde vivía. Íbamos hablando mi primo, sus dos amigos y yo. Ese día lo pasamos bien y al día siguiente tuve que coger el avión de regreso a México con mis padres. Allí me matricularon en un colegio que se llamaba Boston. Los Boston Celtics eran, no me cansaré de repetirlo, el equipo preferido de Petrovic y por el que deseaba fichar.

Sobre la bandera de Galicia, me fijaba en el escudo como si tuviera un mensaje oculto, lo cual le comentaba al homeópata. Pasado un tiempo, me di cuenta de que la bandera formaba dos triángulos equiláteros opuestos y lo relacioné con las fórmulas de Pitágoras sobre el triángulo. Para terminar con la bandera de Galicia, simplemente apuntar que la última modificación que se hizo en ella fue en el año 1984.

Sobre Bruce, al que también mencionaba en los escritos del homeópata, vi documentales y consulté su biografía, donde lo más curioso que encontré fue que era seguidor de Krishnamurti, un filósofo indio que era el pensador favorito de mi amigo de Sevilla, quien tenía todos sus libros y charlas en DVD. Un día le mandé un *e-mail* y se lo comenté. Mi amigo me dijo que muchas veces se trataba de publicidad. Otro dato que encontré sobre Bruce

Lee es que tuvo una lesión y en el periodo de rehabilitación solo leyó a Krishnamurti. Cuando regresó a las artes marciales después de la lesión, lo hizo más ágil que antes y había aprendido nuevos movimientos.

En este momento estoy viendo la serie *Dawson crece*. Dawson quiere ser director de cine, su director preferido es Spielberg y la película que más le gusta es *E. T., el extraterrestre,* film que precisamente es de 1983. Yo quería que mis padres me llevaran a verla, pero siempre había algún motivo por el que no podíamos ir y finalmente no pude verla. El protagonista de la película es Elliot, un niño solitario que tiene un vínculo psíquico con E. T.

Mi amigo de Sevilla me comentaba muchas veces que nada era casualidad y que en multitud de ocasiones había conexiones mentales entre personas. También me comentó que cuando coincidimos en el piso se activó entre los dos una especie de radar y que no fue casualidad que eligiera compartir piso con él. El libro *El año de los gemelos* trata sobre las conexiones entre personas. En él, tres individuos están unidos por una especie de telepatía.

Continuando con Spielberg, cabe señalar que el director de cine tiene síndrome de Asperger. Una vez me hicieron un comentario a uno de mis relatos que colgué en internet. Me mencionaron que tenía los síntomas de las personas que tienen Asperger. En un documental donde entrevistan a un psicólogo he visto que la población de Japón tiene síntomas relacionados con este trastorno. Además del libro *Tokio blues,* compré otro que se llama *Aprender japonés desde cero.*

En la película ecologista *Local Hero,* que descargué de internet, el ermitaño Ben es aficionado a los fenómenos astronómicos y es dueño de una playa en Escocia donde quieren construir una refinería. El film habla de que la corriente del Golfo hace que la flora sea rica en ese lugar y también habla de una posible glaciación por la paralización de dicha corriente. Esta película ganó varios premios y es del año 1983, igual que *E. T.*

Sobre Petrovic, vuelvo a destacar que en una entrevista su compañero Villalobos decía que vivía como un ermitaño y que no tenía ni teléfono en casa. Cuando tenían que comunicarle algo del equipo, tenía que ir el propio Villalobos a hablar con él. Muchas personas decían que en la cancha era un maleducado, pero fuera de ella era tímido, educado y callado.

*Nota: El libro *El año de los gemelos* se basa en la teoría budista de la interdependencia, en virtud de la cual los tres protagonistas del libro son gemelos energéticos y se encuentran indisolublemente unidos.

*Nota: En la serie *Dawson crece,* unas frases de la escena del capítulo final que hacen referencia a la muerte son sacadas del libro *Tokio blues,* mencionándose que la muerte no es distinta a la vida y que no están separadas, formando ambas parte de la misma vida. La frase aparece en *Dawson crece* con la muerte de Jen y en *Tokio blues* con el suicidio de Kizuki por asfixia al conectar una manguera al escape del coche. He visto un documental sobre el Experimento Filadelfia y la muerte de un investigador es igual a la de Kizuki.

*Nota: Otra cosa bastante curiosa de la serie *Dawson crece* es que fue filmada en Wilmington (Carolina), ciudad donde pasó su infancia y donde empezó a jugar a baloncesto en su etapa universitaria Michael Jordan. Por otra parte, la trama de la historia se desarrolla en un pequeño pueblo ficticio cerca de Boston.

*Nota: Lo que intenta transmitir la letra de la canción *Forever young,* de Alphaville, es que en el año 1984 hubo mucha tensión entre la Unión Soviética y Estados Unidos, más o menos lo que sucede ahora mismo con la guerra de Ucrania. La canción trata de hacer ver a la gente que para qué se quiere ser siempre joven si tal vez en un futuro no muy remoto nos encontremos con un mundo inhabitable, producto de una guerra nuclear.

15. La dama se esconde

Esta historia ocurrió hace más de veinticinco años, a mediados de los 90, aproximadamente la fecha en la que falleció Petrovic (creo recordar que era el curso escolar 93-94), cuando vivía en Santiago de Compostela, donde encontré trabajo al aprobar una oposición. Allí alquilé una habitación en una pensión.

El primer año pasaba bastante tiempo metido en la habitación porque soy tímido y me cuesta relacionarme. Ya en el segundo año, la dueña me cambió a una habitación más grande. Allí tenía como vecina a una chica que se llamaba Patricia. Al principio se la veía frecuentemente, pero luego solo venía algunas veces.

Una noche, aparentemente no había nadie en la habitación, pero empecé a oír como respiraciones, como alguien sofocado, no sé si fue fantasía mía. A partir de ahí pegué la cama a la pared por si volvía a oír algo, pero desde entonces no volví a escuchar nada y pasaron semanas sin que yo la viera a ella, pero presentía que allí había algo.

Cuando iba terminar el curso, yo estaba intrigado. Vi que la puerta de su habitación estaba abierta y la abrí. No vi nada anormal, pero me enteré de que estudiaba Derecho, porque tenía una pila de libros de leyes en el suelo. Al día siguiente ella se marchó. Yo no me sentía bien, porque estaba como enamorado de ella. Estuve así varias semanas hasta que se me fue pasando. Quería que volvieran las clases y volver a verla.

Pasé todo el verano esperando, pero no volvió. Pregunté a la dueña y me dijo que era de Villagarcía, a unos sesenta kilómetros de Santiago. Quería volver a verla y por intuición miré en los trenes que venían de allí. Fui a ver el primer tren que coincidía con las clases y la encontré. Le pregunté que si había estado en la pensión y me respondió que sí. Le confesé que me gustaba, pero ella me dijo que ya tenía novio. Le pregunté si quería ser mi amiga, me dijo que sí, me dio dos besos y me marché. Fue la última vez que la vi.

Me tuve que marchar de la pensión porque me traía malos recuerdos. Me fui a un piso compartido para olvidar lo sucedido. En el piso veía que mis compañeros salían por la noche. Al verlos yo también salía, pero lo hacía solo. Fui varias veces a una discoteca donde todo iba normal, pero de repente un hombre se puso detrás de mí. Tenía un aspecto siniestro. Me parece que llevaba un bastón y gafas. Estaba inmóvil y muy pálido, como si llevara maquillaje, e iba vestido de negro. El aspecto del vestuario era como el de los niños que aparecen con un globo terráqueo en la canción de Belinda Carlisle *Heaven is a place on Earth*.

Volviendo a la historia, yo, en principio, no le di importancia al señor misterioso. A la semana siguiente fui a la misma discoteca y esta persona se volvió a poner detrás de mí. Luego estuve paseando por el local hasta que me quedé quieto en un sitio. De repente noté como que alguien me metía una mano en el bolsillo de atrás del pantalón. Me di la vuelta, pero no había nadie. Fui unas semanas más a la discoteca y ya no volví a ver al señor misterioso. Después dejé el piso donde estaba y me fui con mis padres a su casa de Orense. Solo iba a Santiago de Compostela a trabajar y recorría todos los días doscientos kilómetros, cien de ida y cien de vuelta.

En casa de mis padres me encontraba mejor, hasta que de repente empezaron a salir pintadas en las paredes de una calle por donde transitaba en Santiago mencionando frases relacionadas con el más allá. Las pintadas estaban repartidas por varias partes. Por un lado, había pintadas que hacían referencia a Satanás; más adelante había frases relacionadas con condenas psíquicas. Conforme se iba avanzando en la calle, te encontrabas con textos de la Biblia que hacían referencia a bienes materiales. Cuanto más avanzabas, veías frases como esta: «A E.T. no le gusta este mundo, mi casa». Yo me entretenía con las pintadas y de alguna manera me sentía integrante de ese juego.

Las pintadas estuvieron unos seis meses y luego fueron desapareciendo. A partir de ahí, en la televisión sentía que me iban enviando mensajes. Los colores que más fuerza tenían eran el rojo, el azul y el verde. El rojo significaba algo así como que le gustaba a alguien, el azul hacía referencia a un príncipe y el verde era un color malo. Tal vez lo relaciono con el servicio militar, donde no lo pase muy bien. También tenía significado el color negro, que relacionaba con gente esotérica, pero especializada en hipnosis.

Así fue pasando el tiempo. Anímicamente estaba inestable, por lo que decidí ir a un psiquiatra y me recetó antipsicóticos que me han estabilizado, volviendo a normalizar mi vida.

16. La batalla de Maratón

Además de poder terminar un grado universitario, lo que no puedo hacer en estos momentos, ya que tengo dificultades para memorizar, otro sueño que tengo es poder alguna vez terminar un maratón, en concreto el de Boston. Sobre este maratón vi una película de pequeño, debía de ser el año 1983, aunque podía ser una película para televisión. Esa película me encantó. Me acuerdo de que casi al final de la carrera se encontraba la «cuesta rompecorazones», donde muchos corredores se quedaban. El protagonista se lesionó, pero logró terminarla. Me gustaría saber el nombre de la película para volver a verla. La vi con mi abuelo en la playa. La historia del maratón me parece una de las más bonitas del deporte, por lo que la comparto.

El maratón se originó cuando un corredor cruzó en solitario el territorio griego para anunciar una inesperada victoria ateniense sobre las tropas persas en la batalla de Maratón. A continuación entro en profundidad en los hechos. Maratón es una llanura costera del norte de Grecia. En el año 507 a. C., los atenienses instaron al rey Darío I de Persia a formar una alianza contra su ciudad-estado rival del norte, la militarista Esparta. A cambio, Atenas sería gobernada por Darío I. Más tarde, el Gobierno ateniense anuló el pacto. Hacia el año 500 a. C., los griegos que vivían bajo dominio persa en Asia Menor se rebelaron contra los persas. Darío juró venganza, comprometiéndose conquistar Atenas. En el año 490 a. C., los persas partieron hacia Atenas con un ejército de veinte mil hombres y doscientos barcos. Invadieron el suelo griego y acamparon en Maratón, a unos cuarenta kilómetros al nordeste de Atenas. Cuando el comité de tres generales que estaba al mando fue informado de la irrupción masiva de persas en Maratón, decidió enviar un mensajero a Esparta para pedir ayuda, pese a que Esparta y Atenas no tenían buenas relaciones. Los generales atenienses se jugaban el todo por el todo. Si eran vencidos, los persas saquearían y quemarían Atenas y tomarían familias como esclavos. Los generales eligieron a un corredor del grupo de mensajeros para que entregara el mensaje a Esparta. Estos especialistas en resistencia sabían orientarse por el difícil terreno griego, cubriendo enormes trayectos más rápido que los caballos. El mensajero enviado a Esparta fue Filípides y la distancia era de 236 kilómetros. Filípides llegó a Esparta aproximadamente en un día y medio. Se presentó ante los gobernantes espartanos para suplicar ayuda. Le dieron la noticia de que enviarían tropas, pero que tardarían diez días debido a que estaban celebrando un ritual comunitario. Día y medio después, Filípides estaba de vuelta en las colinas que dominaban Maratón e informaba a sus jefes. Algo más de cuatrocientos kilómetros en menos de una semana. Intuyendo una posibilidad de vencer, los atenienses idearon un innovador plan de batalla y atacaron a las tropas persas en Maratón. En dicha batalla los persas habían perdido 6.400 hombres, mientras que los griegos solo tuvieron 192 bajas.

La historia nos dice que entonces Filípides fue enviado de Maratón a Atenas para anunciar la victoria. Filípides corrió el trayecto de cuarenta kilómetros y se desplomó diciendo las palabras «hemos vencido». Atenas sobreviviría, pero el exhausto mensajero murió.

En los primeros Juegos Olímpicos modernos, celebrados en Atenas en 1896, se propuso que la hazaña fuera conmemorada con una carrera a pie desde la llanura de Maratón hasta el estadio olímpico de Atenas. La distancia era de cuarenta kilómetros y esta continuó siendo la distancia oficial de la carrera hasta los Juegos de 1908. El circuito ya había sido medido cuando la reina Alejandra preguntó si podría presenciar la salida desde el Palacio de Buckingham. El circuito fue ampliado unos dos kilómetros para complacer la petición real y la nueva distancia pasó a ser oficial. El maratón actual es de 42,19 kilómetros.

17. En la casa de la bruja

Esta historia se desarrolla en Logroño (España), donde me fui a vivir por razones laborales. En esa época tenía treinta años, pero aún era virgen, ya que soy muy tímido y solitario, teniendo reconocida una discapacidad por este motivo. Como era virgen, tenía cierta curiosidad por experimentar qué se siente. Estuve mirando en los periódicos sobre casas de citas, pero no me atrevía a llamar. Al final, pasados unos meses, me decidí y llamé. Me contestó una señorita, a la que le expliqué que había visto el anuncio del periódico y me dio una dirección. Yo le dije que era virgen, a lo que contestó que no me preocupara, que ellas me enseñaban.

Al final fui hacia el piso; durante el trayecto iba temblando. Una vez que llegué al edificio, me tranquilicé. Llamé al timbre y subí las escaleras, volviendo a tocar la puerta. Me abrió una señora muy amable, de unos cuarenta y cinco años, a la que no conocía de nada, aunque ella parecía que a mí sí. Al entrar lo primero que me dijo fue si yo era de Orense. Le pregunté que cómo lo sabía, contestándome ella que era bruja. Seguidamente me presentó a cuatro chicas, tres morenas y una rubia, todas muy guapas. Escogí a la rubia.

Una vez en la habitación con la chica, que hablaba castellano con acento extranjero y tenía un cierto aire a Britney Spears, yo tenía ganas de finalizar con la situación, aunque tengo que reconocer que me gustaba ver el cuerpo desnudo de la chica. Terminado el tiempo, me preguntaron si quería continuar, pero yo quería irme y dije que no. La señora que dijo que era bruja se despidió de mí y me marché. Por el camino iba dudando sobre si volvería hacer lo mismo.

Durante mi estancia en Logroño ocurrió otro suceso que me tuvo bastante confuso durante cierto tiempo. Pasados unos meses de la cita con la chica, llegué a mi puesto de trabajo y mis compañeros me dijeron que me habían llamado. Les pregunté que quién y ellos me explicaron que la persona que llamó les dijo que no podía dar su nombre. Un tiempo después abandoné la ciudad, otra vez por motivos laborarles. A día de hoy sigo sin encontrar mucha explicación a estos sucesos.

18. En recuerdo de Patricia

Hace diez años me fui a vivir a Madrid por motivos de trabajo. Como en la capital los pisos son muy caros, no me quedó más remedio que buscar una habitación en una casa de huéspedes. Me centré en las que quedaban en el distrito de Moncloa, cerca de la Universidad Complutense, ya que me gustan muchos las zonas verdes y ese lugar es ideal por la cantidad de parques que hay. Miré en internet los sitios donde me podía alojar y encontré uno que además no era demasiado caro para la zona que es. Me reuní con la dueña de la habitación y mi sorpresa fue que se llamaba Patricia Mendy. Era actriz y había actuado en teatro y series de Antena 3 como *Manos a la obra* y *Farmacia de guardia,* entre otras. También hizo películas como *Entre rojas,* con Penélope Cruz. Su padre era uruguayo y, al igual que Patricia, también era actor, sobre todo de series de televisión y teatro. También hizo algunas películas, alguna de ellas con Carmen Sevilla.

Me instalé en la habitación y me fue muy bien. En una ocasión me encontré en el inmueble con Quique San Francisco, actor que ha fallecido recientemente. Patricia era muy simpática y vivía con su madre, que ya era bastante mayor. Lo malo de Patricia era que no se cuidaba. Era obesa y fumaba unas tres cajetillas de tabaco diario. Falleció cuando yo llevaba instalado en el piso sobre año y medio. A mí me dio mucha pena por su madre, que se quedó sola en el piso, aunque recibía llamadas de apoyo de gente del mundo de la televisión. Recuerdo que en una ocasión la llamó Mayra Gómez Kemp, conocida por presentar el concurso *Un, dos, tres.* También recibía llamadas sobre todo de compañeros de trabajo de Patricia en Antena 3.

Hablando de Antena 3, un día recibí una llamada del programa *El hormiguero.* Yo estaba durmiendo, de repente suena el teléfono y me dicen la frase: «¿Sabe usted qué es lo que quiero?». Me quedé un poco desconcertado, ya que no suelo ver mucho la televisión, sobre todo a esa hora. Había que responder: «La tarjeta de *El hormiguero*». Como no sabía la respuesta, me colgaron, perdiendo la oportunidad de ganar tres mil euros.

Continuando con la historia de Patricia, al lado de mi habitación vivía un señor que era delineante y trabajaba en el Palacio de la Moncloa, donde está instalado el presidente del Gobierno. Este hombre se dedicaba a montar los escenarios cuando el presidente tenía alguna actividad (poniendo banderas, mesas, sillas, etc.). Cuando murió Patricia fue el que más lo sintió. Se le veía triste y quería irse a vivir nuevamente a Cartagena, que era donde residía su familia.

Cambiando de tema, recuerdo que cuando estuve instalado en el piso de Patricia me sucedió una anécdota bastante curiosa. Cuando vivía en Logroño solía sacar CD de música de la biblioteca. En una ocasión retiré un recopilatorio que se llamaba *Lo mejor del glam,* que, como ya he contado, incluía un tema que me gustaba bastante, que se llamaba *Spaceman,* del grupo Babilon Zoo. Este CD lo grabé con el ordenador, pero pasado un tiempo perdí esa copia y también olvidé el nombre del grupo. Solo me acordaba de que el tema trataba sobre un hombre de las estrellas. Yo quería volver a oír la canción, por lo que ponía en Google «Starman» (hombre de las estrellas), pero me salía un tema de David Bowie. Ya creía que nunca volvería a oír esa canción, pero un día estaba durmiendo en el piso de Patricia, me despierto y de repente viene a mi mente el nombre del grupo, Babilon Zoo. Así fue como volví a oír la canción. Diez años hacía que había olvidado el nombre de la banda y de repente, al despertarme, aparece en mi mente. Y así fue mi experiencia en esta casa, que fue muy agradable en general, salvo algunos momentos como la muerte de Patricia, a quien recuerdo con cariño.

Otro dato curioso y que me llama la atención es que Patricia falleció un 31 de julio, el mismo día de mi nacimiento. También me llama la atención que el patrón de Boston es San Patricio y que el emblema tradicional de esa fiesta es el trébol, símbolo de los Boston Celtics.

19. Comentarios a mis relatos

Enumero a continuación algunos de los comentarios expresados por personas que han leído algunos de estos relatos:

«Uh, la fantasía muchas veces parece realidad palpable. Es todo un tema».

«Eres creativo, hay potencial para desarrollar más. Siga escribiendo… ¡Genial!».

«Las pintadas te suscitaron una sugestión que se fue apoderando de ti. Tu inconsciente dominó a tu consciente y, claro, esto se arregla con un medicamento. Por otra parte, sí que hay sectas satánicas que van a cebarse en los más incautos. Mario tiene razón. Tienes que hilvanar mejor la historia».

«Hola, J. González. La historia que cuentas tiene bastante potencial, aunque le falta más desarrollo, ya que quedó algo deslavazada. Metes personajes que luego no aportan nada al texto y se esfuman sin que haya sucedido nada con ellos, tal como sucede con la chica Patricia y el señor de negro. En suma, hay cierta falta de coherencia y fluidez. En el aspecto sintáctico, también te aconsejaría un mayor desarrollo de las frases, ya que abusas un poco, en mi opinión, de las frases cortas, lo que acaba confiriendo al texto un tono de telegrama que desluce su valor literario».

«Interesante relato, J. González. Los delfines, desde la antigüedad, son animales vinculados al hombre. Basta leer sobre la mitología griega y se localizan hechos significativos sobre esos cetáceos. En varios países, por sus características (creativos, emocionales, empáticos), son utilizados como terapias de rehabilitación. Definitivamente, son una

especie muy sociable y simpática y no se duda de semejante beneficio, descubierto por investigadores en el área».

«Me encantó el relato, soy una persona conectada a todo lo natural: reino animal, vegetal, ambiente, geografía… Saludos afectuosos».

«Las psicofonías existen, y también se ha sabido que en algunos ordenadores aparecen psicoimágenes. Hay que andar con cuidado con lo trascendental, porque uno puede acabar mal».

«Los números y ciertos pasajes de los libros constituyen símbolos que encierran mensajes. El 666 es el símbolo de la Bestia que sale en el Apocalipsis de la Biblia y se refiere al paganismo de los romanos. Pienso que hay que verlo como un mal estado de ánimo de la sociedad en periodos de crisis en todos los niveles. Cuando una era llega a su fin surgen todo tipo de situaciones caóticas y confusas. El diablo niega la espiritualidad humana».

«J. González, saludos. Aparte de correcta cronología de los hechos, el relato encierra sucesos que desencadenan en concurrencias. Coincidencias que, según los estudiosos, son mensajes, señales. Espero que sean buenos, oportunos y armoniosos».

«Las casualidades no existen y cuando te persiguen nombres, números, etc., son señales, igual que cuando escuchas una canción más de dos veces en un día. Tienes que prestar atención a la letra. Saludos».

«La verdad es que es un relato personal que da que pensar. Las personas diferentes son las que destacan entre la multitud y que aquellos que no han experimentado las mismas sensaciones ni las mismas cosas no entienden. Es difícil de entender que quizás hay algo más allá de la realidad que percibimos. Un abrazo».

«Excelentes las vivencias; son las que nutren y hacen la diferencia en la cotidianidad, ya que el hecho de viajar libera y purifica el alma, siempre deja un aprendizaje de una novedosa experiencia».

«En la vida a veces hay circunstancias significativas con las que estamos vinculados sentimentalmente, que se cruzan de una manera o de otra en diferentes etapas de nuestra existencia. A eso se le llama SINCRONICIDAD, según la teoría de Jung».

«Interesante tu relato. Conozco Galicia y me encanta. Soy parapsicólogo y, sí, a partir de una experiencia determinada el inconsciente se dispara y uno puede tener experiencias paranormales (telepatía, premoniciones, etc.) en las que se mezclan diversos mitos. A uno se le puede disparar el pensamiento mágico. Ciertamente existen sectas satánicas en las que hay gente con mucho poder económico que influye negativamente en el ambiente de una sociedad. Hiciste muy bien en ir al psiquiatra».

«Los delfines son unos seres especiales, con facultades extrasensoriales, y pueden ser un buen símbolo en un momento particular de la vida de uno, como es tu caso. Buen relato».

«Este relato recuerdo haberlo leído y me parece muy interesante. El número 666 es un símbolo de un estado de ánimo en un momento dado en la sociedad. Es un bache emocional».

20. Siempre en mi mente[1]

Hoy, como cada año, me he despertado con sentimientos enfrentados. Aquel maldito día un servidor tenía veintidós años, pero me desperté con la peor noticia que podía imaginar: se había ido para siempre mi ídolo de juventud, el jugador que era mi ejemplo a seguir, el que me hizo amar este deporte por encima de todos los demás, el auténtico número uno. Han pasado 23 años y aún hoy te he echado de menos cuando ha sonado el despertador. Una parte de mí se fue con él, pero, a pesar de todo, lo mejor que me queda es que en mi memoria y en mis sueños siempre seguirás anotando, luchando y ganando.

¡¡¡GRACIAS!!! DRAZEN PETROVIC FOREVER.

---

[1] Comentario de un integrante del grupo de Facebook «Drazen Petrovic Forever» realizado en el vigésimo tercer aniversario del fallecimiento de Drazen.

Índice